RACINE

ET

SHAKSPEARE.

OUVRAGES DU MÊME AUTEUR.

Rome, Naples et Florence, en 1817 ; un vol. in-8°., Londres, Colburn; prix : 10 fr.

Del Romanticismo nelle arti, un vol. in-8°., Firenze, 1819; prix : 6 fr.

RACINE

ET

SHAKSPEARE.

Par M. DE STENDHAL.

Intelligenti pauca.

A PARIS,

Chez

{ BOSSANGE père, Libraire de S. A. R. Mgr. le duc
d'Orléans, rue de Richelieu, n⁰. 60 ;
DELAUNAY, palais-royal, galerie de bois;
MONGIE, boulevard Poissonnière, n⁰. 18.

1823.

PRÉFACE.

Rien ne ressemble moins que nous aux marquis couverts d'habits brodés et de grandes perruques noires, coûtant mille écus, qui jugèrent, vers 1670, les pièces de Racine et de Molière.

Ces grands hommes cherchèrent à flatter le goût de ces marquis, et travaillèrent pour eux.

Je prétends qu'il faut désormais faire des tragédies pour nous, jeunes gens raisonneurs, sérieux et un peu envieux de l'an de grâce 1823. Ces tragédies-là doivent être en prose. De nos jours, le vers alexandrin n'est le plus souvent qu'un cache-sottise.

Les règnes de Charles VI, de Charles VII, du noble François Ier., doivent être féconds pour nous en tragédies nationales d'un intérêt profond et durable. Mais comment peindre avec quelque vérité les catastrophes sanglantes narrées par Philippe de Comines, et la chronique scandaleuse de Jean de Troyes, si le mot *pistolet* ne peut absolument pas entrer dans un vers tragique?

La poésie dramatique en est en France au point où le célèbre David trouva la peinture vers 1780. Les premiers essais de ce génie audacieux furent dans le genre vaporeux et fade des Lagrénée, des Fragonard et des Vanloo. Il fit trois ou quatre tableaux fort applaudis. Enfin, et c'est ce qui lui vaudra l'immortalité, il s'aperçut que le genre niais de l'ancienne école française ne convenait plus au goût sévère d'un peuple chez qui commençait à se développer la soif des actions énergiques. M. David apprit à la peinture à déserter les traces des Lebrun et des Mignard, et à oser montrer Brutus et les Horaces. En continuant à suivre les erremens du siècle de Louis XIV, nous n'eussions été, à tout jamais, que de pâles imitateurs.

Tout porte à croire que nous sommes à la veille d'une révolution semblable en poésie. Jusqu'au jour du succès, nous autres défenseurs du *genre romantique*, nous serons accablés d'injures. Enfin ce grand jour arrivera, la jeunesse française se réveillera; elle sera étonnée, cette noble jeunesse, d'avoir applaudi si long-tems, et avec tant de sérieux, à de si grandes niaiseries.

Les deux articles suivans, écrits en quelques heures, et avec plus de zèle que de talent, ainsi que l'on ne s'en apercevra que trop, ont été insérés dans les numéros 9 et 12 du *Paris Monthly Review*.

Éloigné, par état, de toute prétention littéraire, l'auteur a dit sans art et sans éloquence ce qui lui semble la vérité.

Occupé toute sa vie d'autres travaux, et sans titres d'aucune espèce pour parler de littérature, si malgré lui ses idées se revêtent quelquefois d'apparences tranchantes, c'est que, par respect pour le public, il a voulu les énoncer clairement et en peu de mots.

Si, ne consultant qu'une juste défiance de ses forces, l'auteur eût entouré ses observations de l'appareil inattaquable de ces formes dubitatives et élégantes, qui conviennent si bien à tout homme qui a le malheur de ne pas admirer tout ce qu'admirent les gens en possession de l'opinion publique, sans doute alors les intérêts de sa modestie eussent été parfaitement à couvert, mais il eût parlé bien plus long-temps, et par le temps qui court, il faut se presser, surtout lorsqu'il s'agit de bagatelles littéraires.

RACINE ET SHAKSPEARE.

~~~~~~

CHAPITRE PREMIER.

Pour faire des Tragédies qui puissent intéresser le public en 1823, faut-il suivre les erremens de Racine ou ceux de Shakspeare ?

Cette question semble usée en France, et cependant l'on n'y a jamais entendu que les argumens d'un seul parti; les journaux les plus divisés par leurs opinions politiques, *la Quotidienne*, comme *le Constitutionnel*, ne se montrent d'accord que pour une seule chose, pour proclamer le théâtre français, non seulement le premier théâtre du monde, mais encore le seul raisonnable. Si le pauvre *romanticisme* avait une réclamation à faire entendre, tous les journaux de toutes les couleurs lui seraient également fermés.

Mais cette apparente défaveur ne nous effraie nullement, parce que c'est une affaire de parti. Nous y répondons par un seul fait :

Quel est l'ouvrage littéraire qui a le plus réussi en France depuis dix ans?

Les romans de Walter Scott.

Qu'est-ce que les romans de Walter Scott?

De la tragédie romantique, entremêlée de longues descriptions.

On nous objectera le succès des *Vêpres siciliennes*, du *Paria*, des *Machabées*, de *Régulus*.

Ces pièces font beaucoup de plaisir; mais elles ne font pas un *plaisir dramatique*. Le public, qui ne jouit pas d'ailleurs d'une extrême liberté, aime à entendre réciter des sentimens généreux exprimés en beaux vers.

Mais c'est là un plaisir *épique*, et non pas dramatique. Il n'y a jamais ce degré d'illusion nécessaire à une émotion profonde. C'est par cette raison ignorée de lui-même, car à vingt ans, quoi qu'on en dise, l'on veut jouir, et non pas raisonner, et l'on fait bien; c'est par cette raison secrète que le jeune public du second théâtre français se montre si facile sur la fable des pièces qu'il applaudit avec le plus de transports. Quoi de plus ridicule que la fable du *Paria*, par exemple? cela ne résiste pas au moindre examen. Tout le monde a fait cette critique, et cette critique n'a pas pris. Pourquoi? c'est que le public ne veut que de beaux vers. Le public va chercher au théâtre français actuel une suite d'odes bien pompeuses, et d'ailleurs exprimant avec force des sentimens généreux. Il suffit qu'elles soient amenées par

quelques vers de liaison. C'est comme dans les
ballets de la rue Pelletier ; l'action doit être
faite uniquement pour amener de beaux pas,
et pour motiver, tant bien que mal, des danses
agréables.

Je m'adresse sans crainte à cette jeunesse
égarée, qui a cru faire du patriotisme et de
l'honneur national en sifflant Shakspeare,
parce qu'il fut Anglais. Comme je suis rempli
d'estime pour des jeunes gens laborieux, l'espoir de la France, je leur parlerai le langage
sévère de la vérité.

Toute la dispute entre Racine et Shakspeare
se réduit à savoir si, en observant les deux
unités de *lieu* et de *temps*, on peut faire des
pièces qui intéressent vivement des spectateurs
du dix-neuvième siècle, des pièces qui les
fassent pleurer et frémir, ou, en d'autres
termes, qui leur donnent des plaisirs *drama-*
tiques, au lieu des plaisirs *épiques* qui nous
font courir à la cinquantième représentation
du *Paria* ou de *Régulus*.

Je dis que l'observation des deux unités
de *lieu* et de *temps* est une habitude française,
habitude profondément enracinée, habitude dont
nous nous déferons difficilement, parce que
Paris est le salon de l'Europe, et lui donne le
ton ; mais je dis que ces unités ne sont nulle-

ment nécessaires à produire l'émotion profonde et le véritable effet dramatique.

Pourquoi exigez-vous, dirai-je aux partisans du *classicisme*, que l'action représentée dans une tragédie ne dure pas plus de vingt-quatre ou de trente-six heures, et que le lieu de la scène ne change pas, ou que du moins, comme le dit Voltaire, les changemens de lieu ne s'étendent qu'aux divers appartemens d'un palais?

L'Académicien. — Parce qu'il n'est pas vraisemblable qu'une action représentée en deux heures de temps, comprenne la durée d'une semaine ou d'un mois, ni que, dans l'espace de peu de momens, les acteurs aillent de Venise en Chypre, comme dans l'*Othello* de Shakspeare; ou d'Écosse à la cour d'Angleterre, comme dans *Macbeth*.

Le Romantique. — Non seulement cela est invraisemblable et impossible; mais il est impossible également que l'action comprenne vingt-quatre ou trente-six heures (1).

L'Académicien. — A Dieu ne plaise que nous

(1) Dialogue d'Hermès Visconti dans le *Conciliatore*, Milan, 1818.

ayons l'absurdité de prétendre que la durée fictive de l'action doive correspondre exactement avec le temps *matériel* employé pour la représentation. C'est alors que les règles seraient de véritables entraves pour le génie. Dans les arts d'imitation, il faut être sévère, mais non pas rigoureux. Le spectateur peut fort bien se figurer que, dans l'intervalle des entr'actes, il se passe quelques heures, d'autant mieux qu'il est distrait par les symphonies que joue l'orchestre.

Le Romantique. — Prenez garde à ce que vous dites, Monsieur, vous me donnez un avantage immense; vous convenez donc que le spectateur peut *se figurer* qu'il se passe un temps plus considérable que celui pendant lequel il est assis au théâtre. Mais, dites-moi, pourra-t-il se figurer qu'il se passe un temps double du temps réel, triple, quadruple, cent fois plus considérable? Où nous arrêterons-nous?

L'Académicien. — Vous êtes singuliers, vous autres philosophes modernes; vous blâmez les poétiques, parce que, dites-vous, elles enchaînent le génie; et actuellement vous voudriez que la règle de *l'unité de temps*, pour être plausible, fût appliquée par nous avec toute la

rigueur et toute l'exactitude des mathéma-
tiques. Ne vous suffit-il donc pas qu'il soit
évidemment contre toute vraisemblance que
le spectateur puisse se figurer qu'il s'est passé
un an, un mois, ou même une semaine, depuis qu'il a pris son billet, et qu'il est entré
au théâtre?

Le Romantique. — Et qui vous a dit que le
spectateur ne peut pas se figurer cela?

L'Académicien. — C'est la raison qui me
le dit.

Le Romantique. — Je vous demande pardon ;
la raison ne saurait vous l'apprendre. Comment
feriez-vous pour savoir que le spectateur peut
se figurer qu'il s'est passé vingt-quatre heures,
tandis qu'en effet il n'a été que deux heures
assis dans sa loge, si l'expérience ne vous l'en-
seignait? Comment pourriez-vous savoir que
les heures, qui paraissent si longues à un
homme qui s'ennuie, semblent voler pour
celui qui s'amuse, si l'expérience ne vous l'en-
seignait? En un mot, c'est l'*expérience* seule
qui doit décider entre vous et moi.

L'Académicien. — Sans doute, l'expérience.

Le Romantique. — Hé bien ! l'expérience a
déjà parlé contre vous. En Angleterre, depuis

deux siècles ; en Allemagne, depuis cinquante
ans, on donne des tragédies dont l'action dure
des mois entiers, et l'imagination des spectateurs s'y prête parfaitement.

L'Académicien. — La, vous me citez des étrangers, et des Allemands encore !

Le Romantique. — Un autre jour, nous par-
lerons de cette incontestable supériorité que le
Français en général, et en particulier l'habitant
de Paris, a sur tous les peuples du monde. Je
vous rends justice, cette supériorité est *de sentiment* chez vous ; vous êtes des despotes gâtés par
deux siècles de flatterie. Le hasard a voulu que ce
soit vous, Parisiens, qui soyez chargés de faire les
réputations littéraires en Europe ; et une femme
d'esprit, connue par son *enthousiasme* pour les
beautés de la nature, s'est écrié, pour plaire aux
Parisiens : « Le plus beau ruisseau du monde,
c'est le ruisseau de la rue du Bac. » Tous les écrivains de bonne compagnie, non seulement de
la France, mais de toute l'Europe, vous ont
flattés pour obtenir de vous en échange un peu
de renom littéraire ; et ce que vous appelez *sentiment intérieur, évidence morale,* n'est autre
chose que l'évidence morale d'un enfant gâté,
en d'autres termes, *l'habitude de la flatterie.*

Mais revenons. Pouvez-vous me nier que l'habitant de Londres ou d'Edimbourg, que les compatriotes de Fox et de Shéridan, qui peut-être ne sont pas tout-à-fait des sots, ne voyent représenter, sans en être nullement choqués, des tragédies telles que *Macbeth*, par exemple? Or, cette pièce, qui, chaque année, est applaudie un nombre infini de fois en Angleterre et en Amérique, commence par l'assassinat du roi et la fuite de ses fils, et finit par le retour de ces mêmes princes à la tête d'une armée qu'ils ont rassemblée en Angleterre, pour détrôner le sanguinaire Macbeth. Cette série d'actions exige nécessairement plusieurs mois.

L'Académicien. — Ah! vous ne me persuaderez jamais que les Anglais et les Allemands, tout étrangers qu'ils soient, se figurent réellement que des mois entiers se passent, tandis qu'ils sont au théâtre.

Le Romantique. — Comme vous ne me persuaderez jamais que des spectateurs français croient qu'il se passe vingt-quatre heures, tandis qu'ils sont assis à une représentation d'*Iphigénie en Aulide*.

L'Académicien (impatienté). — Quelle différence!

Le Romantique. — Ne nous fâchons pas, et

daignez observer avec attention ce qui se passe
dans votre tête. Essayez d'écarter pour un moment le voile jeté par l'habitude, sur des actions
qui ont lieu si vite, que vous en avez presque
perdu le pouvoir de les suivre de l'œil et de les
voir *se passer*. Entendons-nous sur ce mot *illusion*. Quand on dit que l'imagination du spectateur se figure qu'il se passe le temps nécessaire pour les événemens que l'on représente
sur la scène, on n'entend pas que l'illusion du
spectateur aille au point de croire tout ce temps
réellement écoulé. Le fait est que le spectateur, entraîné par l'action, n'est choqué de
rien; il ne songe nullement au temps écoulé.
Votre spectateur parisien voit à sept heures
précises Agamemnon réveiller Arcas; il est
témoin de l'arrivée d'Iphigénie; il la voit conduire à l'autel où l'attend le jésuitique Cal-
chas; il saurait bien répondre, si on le lui
demandait, qu'il a fallu plusieurs heures pour
tous ces événemens. Cependant, si, durant
la dispute d'Achille avec Agamemnon, il
tire sa montre, elle lui dit : huit heures et un
quart. Quel est le spectateur qui s'en étonne? Et
cependant la pièce qu'il applaudit a déjà duré
plusieurs heures.

C'est que même votre spectateur parisien est
accoutumé à voir le temps marcher d'un pas

différent sur la scène et dans la salle. Voilà un fait que vous ne pouvez me nier.

Il est clair que, même à Paris, même au théâtre français de la rue de Richelieu, l'imagination du spectateur se prête avec facilité aux suppositions du poète. Le spectateur ne fait naturellement nulle attention aux intervalles de temps dont le poète a besoin, pas plus qu'en sculpture il ne s'avise de reprocher à Dupaty ou à Bosio que leurs figures manquent de mouvement. C'est là une des infirmités de l'art. Le spectateur, quand il n'est pas un pédant, s'occupe uniquement des faits et des développemens de passions que l'on met sous ses yeux. Il arrive précisément la même chose dans la tête du Parisien qui applaudit *Iphigénie en Aulide*, et dans celle de l'Écossais qui admire l'histoire de ses anciens rois, Macbeth et Duncan. La seule différence, c'est que le Parisien, enfant de bonne maison, a pris l'habitude de se moquer de l'autre.

L'Académicien. — C'est-à-dire que, suivant vous, l'illusion théâtrale serait la même pour tous deux?

Le Romantique. — Avoir des illusions, être dans l'*illusion*, signifie se tromper, à ce que dit le dictionnaire de l'Académie. Une *illusion*,

dit M. Guizot, est l'effet d'une chose ou d'une
idée qui nous déçoit par une apparence trom-
peuse. Illusion signifie donc l'action d'un homme
qui croit la chose qui n'est pas, comme dans
les rêves, par exemple. L'illusion théâtrale,
ce sera l'action d'un homme qui croit vérita-
blement existantes les choses qui se passent sur
la scène.

L'année dernière (août 1822), le soldat qui
était en faction dans l'intérieur du théâtre de
Baltimore, voyant Othello qui, au cinquième
acte de la tragédie de ce nom, allait tuer Des-
demona, s'écria : « Il ne sera jamais dit qu'en ma
présence, un maudit nègre aura tué une femme
blanche. » Au même moment le soldat tire son
coup de fusil, et casse un bras à l'acteur qui
faisait Othello. Il ne se passe pas d'années sans
que les journaux ne rapportent des faits sem-
blables. Eh bien! ce soldat avait de l'*illusion*,
croyait vraie l'action qui se passait sur la scène.
Mais un spectateur ordinaire, dans l'instant le
plus vif de son plaisir, au moment où *il applaudit* avec transport Talma-Manlius disant à son
ami : « Connais-tu cet écrit ? » par cela seul qu'il
applaudit, n'a pas l'*illusion complète*, car il applaudit Talma, et non pas le romain Manlius ;
Manlius ne fait rien de digne d'être applaudi,

2..

son action est fort simple et tout-à-fait dans son intérêt.

L'Académicien. — Pardonnez-moi, mon ami ; mais ce que vous me dites là est un lieu commun.

Le Romantique. — Pardonnez-moi, mon ami ; mais ce que vous me dites là est la défaite d'un homme qu'une longue habitude de se payer de phrases élégantes a rendu incapable de raisonner d'une manière serrée.

Il est impossible que vous ne conveniez pas que l'illusion que l'on va chercher au théâtre n'est pas une illusion parfaite. L'illusion *parfaite* était celle du soldat en faction au théâtre de Baltimore. Il est impossible que vous ne conveniez pas que les spectateurs savent bien qu'ils sont au théâtre, et qu'ils assistent à la représentation d'un ouvrage de l'art, et non pas à un fait vrai.

L'Académicien. — Qui songe à nier cela?

Le Romantique. — Vous m'accordez donc l'*illusion imparfaite?* Prenez garde à vous.

Croyez-vous que, de temps en temps, par exemple, deux ou trois fois dans un acte, et à chaque fois durant une seconde ou deux, l'illusion soit complète?

L'Académicien. — Ceci n'est point clair. Pour vous répondre, j'aurais besoin de retourner plusieurs fois au théâtre, et de me voir agir.

Le Romantique. — Ah ! voilà une réponse charmante et pleine de bonne foi. On voit bien que vous êtes de l'Académie, et que vous n'avez plus besoin des suffrages de vos collègues pour y arriver. Un homme qui aurait à faire sa réputation de littérateur instruit, se donnerait bien de garde d'être si clair et de raisonner d'une manière si précise. Prenez garde à vous; si vous continuez à être de bonne foi, nous allons être d'accord.

Il me semble que ces momens d'*illusion parfaite* sont plus fréquens qu'on ne le croit, en général, et surtout qu'on ne l'admet pour vrai dans les discussions littéraires. Mais ces momens durent infiniment peu ; par exemple, une demi-seconde, ou un quart de seconde. On oublie bien vite Manlius pour ne voir que Talma : ils ont plus de durée chez les jeunes femmes, et c'est pour cela qu'elles versent tant de larmes à la tragédie.

Mais recherchons dans quels momens de la tragédie le spectateur peut espérer de rencontrer ces instans délicieux d'*illusion parfaite.*

Ces instans charmans ne se rencontrent ni au

moment d'un changement de scène, ni au moment précis où le poète fait sauter douze ou
quinze jours au spectateur, ni au moment où le
poète est obligé de placer un long récit dans la
bouche d'un de ses personnages, uniquement
pour informer le spectateu r d'un fait antérieur,
et dont la connaissance lui est nécessaire, ni
au moment où arrivent trois ou quatre vers ad-
mirables, et remarquables *comme vers.*

Ces instans délicieux et si rares d'*illusion
parfaite* ne peuvent se rencontrer que dans la
chaleur d'une scène animée, lorsque les ré-
pliques des acteurs se pressent; par exemple,
quand Hermione dit à Oreste, qui vient d'as-
sassiner Pyrrhus par son ordre :

> Qui te l'a dit?

Jamais on ne trouvera ces momens d'*illusion
parfaite,* ni à l'instant où un meurtre est com-
mis sur la scène, ni quand des gardes viennent
arrêter un personnage pour le conduire en
prison. Toutes ces choses, nous ne pouvons les
croire véritables, et jamais elles ne produisent
d'illusion. Ces morceaux ne sont faits que pour
amener les scènes durant lesquelles les spectateurs rencontrent ces demi-secondes si déli-
cieuses; or, je dis que ces courts momens d'*illusion parfaite se trouvent plus souvent dans les*

tragédies de Shakspeare que dans les tragédies de Racine.

Tout le plaisir que l'on trouve au spectacle tragique dépend de la fréquence de ces petits momens d'illusion, *et de l'état d'émotion où, dans leurs intervalles, ils laissent l'âme du spectateur.*

Une des choses qui s'opposent le plus à la naissance de ces momens d'illusion, c'est l'admiration, quelque juste qu'elle soit d'ailleurs, pour les beaux vers d'une tragédie.

C'est bien pis, si l'on se met à vouloir juger des *vers* d'une tragédie. Or, c'est justement là la situation de l'âme du spectateur parisien, lorsqu'il va voir, pour la première fois, la tragédie si vantée du *Paria.*

Voilà la question du *Romanticisme* réduite à ses derniers termes. Si vous êtes de mauvaise foi, ou si vous êtes insensible, ou si vous êtes pétrifié par Laharpe, vous me nierez mes petits momens d'illusion parfaite.

Et j'avoue que je ne puis rien vous répondre. Vos sentimens ne sont pas quelque chose de matériel que je puisse extraire de votre propre cœur, et mettre sous vos yeux pour vous confondre.

Je vous dis : Vous devez avoir tel sentiment en ce moment; tous les hommes généralement bien organisés éprouvent tel sentiment en ce

moment. Vous me répondrez : pardonnez-moi
le mot, *cela n'est pas vrai.*

Moi, je n'ai rien à ajouter. Je suis arrivé aux
derniers confins de ce que la logique peut saisir
dans la poésie.

L'Académicien. — Voilà une métaphysique
abominablement obscure ; et croyez-vous, avec
cela, faire siffler Racine ?

Le Romantique. — D'abord, il n'y a que des
charlatans qui prétendent enseigner l'algèbre
sans peine, ou arracher une dent sans douleur.
La question que nous agitons est une des plus
difficiles dont puisse s'occuper l'esprit humain.

Quant à Racine, je suis bien aise que vous
ayez nommé ce grand homme. L'on a fait de son
nom une injure pour nous ; mais sa gloire est
impérissable. Ce sera toujours l'un des plus
grands génies qui aient été livrés à l'étonnement
et à l'admiration des hommes. César en est-il
un moins grand général, parce que, depuis ses
campagnes contre nos ancêtres les Gaulois, on a
inventé la poudre à canon ? Tout ce que nous
prétendons, c'est que si César revenait au
monde, son premier soin serait d'avoir du
canon dans son armée. Dira-t-on que Catinat
ou Luxembourg sont de plus grands capitaines
que César, parce qu'ils avaient un parc d'artil-

lerie, et prenaient en trois jours des places qui auraient arrêté les légions Romaines pendant un mois? Ç'aurait été un beau raisonnement à faire à François Ier. à Marignan, que de lui dire : Gardez-vous de vous servir de votre artillerie, César n'avait pas de canons; est-ce que vous vous croiriez plus habile que César?

Si des gens d'un talent incontestable, tels que MM. Chénier, Lemercier, Delavigne, eussent osé s'affranchir des règles dont on a reconnu l'absurdité depuis Racine, ils nous auraient donné mieux que *Tibère, Agamemnon* ou les *Vêpres siciliennes*. *Pinto* n'est-il pas cent fois supérieur à *Clovis, Orovèse, Cyrus,* ou telle autre tragédie fort régulière de M. Lemercier ?

Racine ne croyait pas que l'on pût faire la tragédie autrement. S'il vivait de nos jours, et qu'il osât suivre les règles nouvelles, il ferait cent fois mieux qu'*Iphigénie*. Au lieu de n'inspirer que de l'admiration, sentiment un peu froid, il ferait couler des torrens de larmes. Quel est l'homme un peu éclairé qui n'a pas plus de plaisir à voir aux Français la *Marie Stuard* de M. Lebrun que le *Bajazet* de Racine ? Et pourtant les vers de M. Lebrun sont bien faibles; l'immense différence dans la quantité de plaisir vient de ce que M. Lebrun a osé être à demi-romantique.

L'Académicien.—Vous avez parlé long-temps; peut-être avez-vous bien parlé, mais vous ne m'avez pas convaincu du tout.

Le Romantique. — Je m'y attendais. Mais aussi voilà un entr'acte un peu long qui va finir, la toile se relève. Je voulais chasser l'ennui en vous mettant un peu en colère. Convenez que j'ai réussi.

Ici finit le dialogue des deux adversaires, dialogue dont j'ai été réellement témoin au parterre de la rue Chantereine, et dont il ne tiendrait qu'à moi de nommer les interlocuteurs. Le Romantique était poli; il ne voulait pas pousser l'aimable académicien, beaucoup plus âgé que lui; autrement il aurait ajouté : Pour pouvoir encore lire dans son propre cœur, pour que le voile de l'habitude puisse se déchirer, pour pouvoir se mettre en expérience pour les momens d'*illusion parfaite* dont nous parlons, il faut encore avoir l'âme susceptible d'impressions vives, il faut n'avoir pas quarante ans.

Nous avons des habitudes; choquez ces habitudes, et nous ne serons sensibles pendant long-temps qu'à la contrariété qu'on nous donne. Supposons que Talma se présente sur la scène, et joue Manlius avec les cheveux poudrés à blanc et arrangés en ailes de pigeon, nous

ne ferons que rire tout le temps du spectacle.
En sera-t-il moins sublime au fond? Non; mais
nous ne verrons pas ce sublime. Or, Lekain eût
produit *exactement le même effet en* 1760, s'il se
fût présenté sans poudre pour jouer ce même
rôle de Manlius. Les spectateurs n'auraient été
sensibles pendant toute la durée du spectacle
qu'à *leur habitude choquée.* Voilà précisément où
nous en sommes en France pour Shakspeare. Il
contrarie un grand nombre de ces habitudes
ridicules que la lecture assidue de Laharpe et
des autres petits rhéteurs musqués du dix-hui-
tième siècle nous a fait contracter. Ce qu'il y a
de pis, c'est que nous mettons de la *vanité* à
soutenir que ces mauvaises habitudes sont fon-
dées dans la nature.

Les jeunes gens peuvent revenir encore de
cette erreur d'amour-propre. Leur âme étant
susceptible d'impressions vives, le plaisir peut
leur faire oublier la vanité ; or, c'est ce qu'il est
impossible de demander à un homme de plus
de quarante ans. Les gens de cet âge à Paris
ont pris leur parti sur toutes choses, et même
sur des choses d'une bien autre importance que
celle de savoir si, pour faire des tragédies in-
téressantes en 1823, il faut suivre le système
de Racine ou celui de Shakspeare.

~~~~~~

CHAPITRE II.

Le Rire.

Que ferez-vous, Monsieur, du nez d'un marguillier ?

REGNARD.

Un prince d'Allemagne, connu par son amour pour les lettres, vient de proposer un prix pour la meilleure dissertation philosophique sur le *rire*. J'espère que le prix sera remporté par un Français. Ne serait-il pas ridicule que nous fussions vaincus dans cette carrière? Il me semble que l'on fait plus de plaisanteries à Paris pendant une seule soirée, que dans toute l'Allemagne en un mois.

C'est cependant en allemand qu'est écrit le programme concernant le *rire*. Il s'agit d'en faire connaître la nature et les nuances; il faut répondre clairement et nettement à cette question ardue : *Qu'est-ce que le rire?*

Le grand malheur, c'est que les juges sont des Allemands; il est à craindre que quelques demi-pensées disséminées élégamment en vingt pages de phrases académiques et de périodes savamment cadencées, ne paraissent que du

vide à ces juges grossiers. C'est un avertisse-
ment que je crois devoir à ces jeunes écrivains
simples avec tant de recherche, naturels avec
tant de manière, éloquens avec si peu d'idées,

La gloire du distique et l'espoir du quatrain.

Ici il faut trouver des idées, ce qui est assurément fort impertinent. Ces Allemands sont
si barbares !

Qu'est-ce que le *rire ?* Hobbes répond : *Cette
convulsion physique que tout le monde connaît, est
produite par la vue imprévue de notre supériorité
sur autrui.*

Voyez passer ce jeune homme paré avec
tant de recherche : il marche sur la pointe du
pied, sur sa figure épanouie se lisent également
et la certitude des succès, et le contentement
de soi-même ; il va au bal, le voilà déjà sous là
porte cochère, encombrée de lampions et de
laquais ; il volait au plaisir, il tombe et se relève couvert de boue de la tête aux pieds ; ses
gilets, jadis blancs et d'une coupe si savante,
sa cravate nouée si élégamment, tout cela est
rempli d'une boue noire et fétide. Un éclat de
rire universel sort des voitures qui suivaient
la sienne ; le *Suisse* sur sa porte se tient les
côtés, la foule des laquais rit aux larmes et fait
cercle autour du malheureux.

Il faut que le comique soit exposé avec clarté : il est nécessaire qu'il y ait une vue nette de notre supériorité sur autrui.

Mais cette supériorité est une chose si futile et si facilement anéantie par la moindre réflexion, qu'il faut que la vue nous en soit présentée d'une manière imprévue.

Voici donc deux conditions du comique : la *clarté* et l'*imprévu*.

Il n'y a plus de *rire*, si le désavantage de l'homme aux dépens duquel on prétendait nous égayer, nous fait songer, dès le premier moment, que nous aussi nous pouvons rencontrer le malheur.

Que le beau jeune homme qui allait au bal, et qui est tombé dans un tas de boue, ait la malice, en se relevant, de traîner la jambe, et de faire soupçonner qu'il s'est blessé dangereusement, en un clin-d'œil le rire cesse, et fait place à la terreur.

C'est tout simple, il n'y a plus jouissance de notre supériorité, il y a au contraire vue du malheur pour nous ; en descendant de voiture, je puis aussi me casser la jambe.

Une plaisanterie douce fait rire aux dépens du plaisanté ; une plaisanterie *trop bonne* ne fait plus rire, on frémit en songeant à l'affreux malheur du plaisanté.

Voilà deux cents ans que l'on fait des plaisanteries en France ; il faut donc que la plaisanterie soit très fine , autrement on l'entend dès le premier mot, partant plus d'imprévu.

Autre chose : il faut que j'accorde un certain degré d'estime à la personne aux dépens de laquelle on prétend me faire rire. Je prise beaucoup le talent de M. Picard ; cependant , dans plusieurs de ses comédies, les personnages destinés à nous égayer ont des mœurs si basses que je n'admets aucune comparaison d'eux à moi ; je les méprise parfaitement aussitôt qu'ils ont dit quatre phrases. On ne peut plus rien m'apprendre de ridicule sur leur compte.

Un imprimeur de Paris avait fait une tragédie sainte , intitulée : *Josué.* Il l'imprima avec tout le luxe possible, et l'envoya au célèbre Bodoni , son confrère, à Parme. Quelque temps après, l'imprimeur-auteur fit un voyage en Italie ; il alla voir son ami Bodoni : « Que pensez-vous de ma tragédie de *Josué?* — Ah! que de beautés ! — Il vous semble donc que cet ouvrage me vaudra quelque gloire? — Ah! cher ami, il vous immortalise. — Et les caractères , qu'en dites-vous ? — Sublimes et parfaitement soutenus , surtout les majuscules. »

Bodoni, enthousiaste de son art, ne voyait , dans la tragédie de son ami, que la beauté des *caractères d'imprimerie*. Ce conte me fit rire beaucoup plus qu'il ne le mérite. C'est que je connais l'auteur de *Josué* et l'*estime infiniment* ; c'est un homme sage, de bonnes manières et même d'esprit, rempli de talens pour le commerce de la librairie. Enfin je ne lui vois d'autres défauts qu'un peu de vanité, justement la passion aux dépens de laquelle la naïve réponse de Bodoni me fait rire.

Le *rire fou* que nous *cueillons* sur le *Falstaff* de Shakspeare lorsque dans son récit au prince Henri (qui fut depuis le fameux roi Henri V), il s'enfile dans le conte des vingt coquins sortis des quatre coquins en habit de *Bougran*, ce rire n'est délicieux que parce que *Falstaff* est un homme d'infiniment d'esprit et fort gai. Nous ne rions guère au contraire des sottises du père Cassandre ; notre supériorité sur lui est une chose trop reconnue d'avance.

Il entre de la vengeance d'ennui dans le *riré* qui nous est inspiré par un fat comme M. *Maclou de Beaubuisson* (du *Comédien d'Étampes*).

J'ai remarqué que dans la société, c'est presque toujours d'un air méchant, *et non pas d'un air gai*, qu'une jolie femme dit d'une autre femme qui danse : *Mon Dieu, qu'elle est ridicule !* Traduisez *ridicule* par *odieuse*.

Après avoir ri comme un fou ce soir de

M. *Maclou de Beaubuisson*, fort bien joué par *Bernard-Léon*, je pensais que j'avais senti, confusément peut-être, que cet être ridicule avait pu inspirer de l'amour à de jolies femmes de province, qui, à leur peu de goût près, auraient pu faire mon bonheur. Le rire d'un très joli garçon qui aurait des succès à foison, n'aurait pas eu peut-être la nuance de vengeance que je croyais remarquer dans le mien.

Comme le ridicule est une grande punition parmi les Français, ils rient souvent par vengeance. Ce *rire-là* ne fait rien à l'affaire, ne doit pas entrer dans notre analyse; il fallait seulement le signaler en passant. Tout *rire affecté*, par cela seul ne signifie rien, c'est comme l'*opinion* de l'abbé Morellet en faveur des dîmes et du prieuré de *Thimer*.

Il n'est personne qui ne connaisse cinq ou six cents excellens contes qui circulent dans la société : l'on rit toujours à cause de la *vanité désappointée*. Si le conte est fait d'une manière trop prolixe, si le conteur emploie trop de paroles, et s'arrête à peindre trop de détails, l'esprit de l'auditeur devine la chute vers laquelle on le conduit trop lentement; il n'y a plus de *rire*, parce qu'il n'y a plus d'imprévu.

Si, au contraire, le conteur sabre son his-

toire, et se précipite vers le dénoûment, il n'y
a pas *rire*, parce qu'il n'y a pas l'extrême clarté
qu'il faut. Remarquez que très souvent le nar-
rateur répète deux fois les cinq ou six mots qui
font le dénoûment de son histoire; et, s'il
sait son métier, s'il a l'art charmant de n'être
ni obscur ni trop clair, la moisson de *rire* est
beaucoup plus considérable à la seconde répé-
tition qu'à la première.

L'*Absurde*, poussé à l'extrême, fait souvent
rire, et donne une gaîté vive et délicieuse. Tel
est le secret de Voltaire dans sa diatribe du
docteur *Akakia*, et dans ses autres pamphlets.
Le docteur Akakia, c'est-à-dire Maupertuis, dit
lui-même les absurdités qu'un malin pourrait
se permettre pour se moquer de ses systèmes.
Ici je sens bien qu'il faudrait des citations;
mais je n'ai pas un seul livre français dans ma
retraite de Montmorency. J'espère que la mémoire de mes lecteurs, si j'en ai, voudra bien
se rappeler ce volume charmant de leur édition
de Voltaire, intitulé *Facéties*, et dont je ren-
contre souvent dans le *Miroir* des imitations
fort agréables.

Voltaire porta au théâtre cette habitude de
mettre dans la bouche même des personnages
comiques la description vive et brillante du ridicule qui les travaille, et ce grand homme dut être
bien surpris de voir que personne ne riait. C'est

qu'il est par trop contre nature qu'un homme
se moque si clairement de soi-même. Quand
dans la société nous nous donnons des ridicules exprès, c'est encore par excès de vanité,
nous volons ce plaisir à la malignité des gens
dont nous avons excité l'envie.

Mais fabriquer un personnage comme *Fier-
en-Fat*, ce n'est pas peindre les faiblesses du
cœur humain, c'est tout simplement faire réciter, *à la première personne*, les phrases burles-
ques d'un pamphlet, et leur donner la vie.

N'est-il pas singulier que Voltaire, si plaisant
dans la satire et dans le roman philosophique,
n'ait jamais pu faire une scène de comédie
qui fît *rire? Carmontelle*, au contraire, n'a pas
un proverbe où l'on ne trouve ce talent. Il
avait trop de naturel, ainsi que Sédaine; il leur
manquait l'esprit de Voltaire, qui, en ce genre,
n'avait que de l'esprit.

Les critiques étrangers ont remarqué qu'il y
a toujours un fond de *méchanceté* dans les plaisanteries les plus gaies de *Candide* et de *Zadig*.
Le riche Voltaire se plaît à clouer nos regards
sur la vue des malheurs inévitables de la pauvre
nature humaine.

La lecture de Shlegel et de Dennis m'a porté au
mépris des critiques français, Laharpe, Geof-
froy, Marmontel, et au mépris de tous les cri-

tiques. Ces pauvres gens, impuissans à créer, prétendent à l'esprit, et ils n'ont point d'esprit. Par exemple, les critiques français proclament Molière le premier des comiques présens, passés et futurs. Il n'y a là-dedans, de vrai, que la première assertion. Assurément Molière, homme de génie, est supérieur à ce benêt qu'on admire dans les *Cours de littérature*, et qui s'appelle Destouches.

Mais Molière est inférieur à Aristophane.

Seulement, le *comique* est comme la musique : c'est une chose dont *la beauté ne dure pas*. La comédie de *Molière* est trop imbibée de *satire*, pour me donner souvent la sensation du *rire gai*, si je puis parler ainsi. J'aime à trouver, quand je vais me délasser au théâtre, une imagination folle qui me fasse rire comme un enfant.

Tous les sujets de Louis XIV se piquaient d'imiter un certain modèle, pour être élégans et de bon ton, et Louis XIV lui-même fut le dieu de cette religion. Il y avait un *rire amer*, quand on voyait son voisin se tromper dans l'imitation du modèle. C'est là toute la gaîté des *Lettres de Madame de Sévigné*. Un homme, dans la comédie ou dans la vie réelle, qui se fût avisé de suivre librement, et sans songer à rien, les élans d'une imagination folle, au lieu de faire rire la société de 1670, eût passé pour fou (1).

Molière, homme de génie, s'il en fût, a eu le malheur de travailler pour cette société-là.

Aristophane au contraire entreprit de faire rire une société de gens aimables et légers qui cherchaient le bonheur *par tous les chemins*. Alcibiade songeait fort peu, je crois, à imiter qui que ce fût au monde; il s'estimait heureux quand il riait, et non pas quand il avait la jouissance d'orgueil de se sentir bien semblable à Lauzun, à d'Antin, à Villeroy, ou à tel autre courtisan célèbre de Louis XIV.

Nos cours de littérature nous ont dit au collége que l'on rit à Molière, et nous le croyons, parce que nous restons toute notre vie, en France, des hommes de collége pour la littérature. J'ai entrepris d'aller à Paris toutes les fois que l'on donne aux Français des comédies de Molière ou d'un auteur estimé. Je marque avec un crayon, sur l'exemplaire que je tiens à la main, les endroits précis où l'on rit, et de quel genre est ce *rire*. L'on rit par exemple quand un acteur prononce le mot de *lavement* ou de *mari*

---

(1) Le théâtre de la foire de Regnard, Lesage et Dufrény, n'a aucun rang en littérature; peu de gens l'ont lu. Il en est de même de Scarron et Hauteroche.

trompé; mais c'est le rire par scandale; ce n'est pas celui que Laharpe nous annonce.

Le 4 décembre 1822, l'on donnait le *Tartufe;* Mlle. Mars jouait; rien ne manquait à la fête. Eh bien! dans tout le *Tartufe* on n'a ri que deux fois, sans plus, et encore fort légèrement. L'on a plusieurs fois applaudi à la vigueur de la satire ou à cause des allusions; mais on n'a ri, le 4 décembre,

1°. Que quand Orgon, parlant à sa fille Mariane de son mariage avec Tartufe (IIe. acte), découvre Dorine près de lui, qui l'écoute;

2°. L'on a ri, dans la scène de brouille et de raccommodement entre Valère et Mariane, à une réflexion maligne que Dorine fait sur l'amour.

Étonné qu'on eût si peu ri à ce chef-d'œuvre de Molière, j'ai fait part de mon observation à une société de gens d'esprit : ils m'ont dit que je me trompais.

Quinze jours après je retourne à Paris pour voir *Valérie;* l'on donnait aussi les *Deux Gendres,* comédie célèbre de M. Étienne. Je tenais mon exemplaire et mon crayon à la main : l'on n'a ri exactement *qu'une seule fois;* c'est quand le gendre, conseiller-d'état, et qui va être ministre, dit au petit cousin qu'il a lu son placet. Le spectateur rit, parce qu'il a fort bien vu le petit cousin déchirer ce placet, qu'il arrache des mains d'un laquais auquel le conseiller-d'état l'a remis sans le lire.

Si je ne me trompe, le spectateur sympathise avec la venue de *rire fou* que le petit cousin dissimule, par honnêteté, en s'entendant faire des complimens sur le contenu d'un placet qu'il sait bien avoir déchiré sans qu'on l'ait lu. J'ai dit à mes gens d'esprit qu'on n'avait ri que cette seule fois aux *Deux Gendres ;* ils m'ont répondu que c'était une fort bonne comédie, et qui avait un grand mérite de composition. Ainsi soit-il! mais le rire n'est donc pas nécessaire pour faire une fort bonne comédie française.

Serait-ce par hasard qu'il faut simplement un peu d'action fort raisonnable, mêlée a une assez forte dose de satire, le tout coupé en dialogue, et traduit en vers alexandrins spirituels, faciles et élégans? Les *Deux Gendres* écrits en vile prose, auraient-ils pu réussir?

Serait-ce que, comme notre tragédie n'est qu'une suite d'*odes* (1) entremêlées de narrations *épiques* (2), que nous aimons à voir décla-

_____

(1) Monologues du *Paria*, de *Régulus*, des *Machabées*.

(2) Récits d'Oreste dans *Andromaque.* Quel peuple

mer à la scène par Talma ; de même, notre comédie ne serait, depuis Destouches et Collin
d'Harleville, qu'une *épttre* badine, fine, spiri-
tuelle, que nous aimons à entendre lire, sous
forme de dialogue, par Mlle. Mars et Da-
mas ? (1)

Nous voici bien loin du *rire*, me dira-t-on ;
vous faites un article de littérature *ordinaire*,
comme M. *C.* dans le feuilleton des *Débats.*

Que voulez-vous ? c'est que, bien que je ne
sois pas encore de la société des *Bonnes lettres*,
je suis un ignorant, et de plus j'ai entrepris
de parler sans avoir une idée ; j'espère que cette
noble audace me fera recevoir aux *Bonnes let-*
tres.

Ainsi que le dit fort bien le programme allemand, le *rire* exige réellement, pour être connu, une dissertation de 15o pages, et encore faut-il que cette dissertation soit plutôt

---

n'a pas ses préjugés littéraires ? Voyez les Anglais ne
proscrire que comme anti-aristocratique cette plate am-
plification de collége, intitulée *Caïn Mistère,* par lord
Byron.

(1) Il dépend de la police de Paris d'arrêter la déca-
dence de l'art dramatique. Elle doit employer sa toute-
puissance à faire qu'aux deux premières représentations
des ouvrages nouveaux donnés aux grands théâtres, il
n'y ait absolument aucun billet donné.

écrite en style de chimie, qu'en style d'académie.

Voyez ces jeunes filles dans cette maison d'éducation, dont le jardin est sous-vos fenêtres; elles rient de tout. Ne serait-ce point qu'elles voient le bonheur partout?

Voyez cet Anglais morose qui vient déjeûner chez Tortoni, et y lit d'un air ennuyé, et à l'aide d'un lorgnon, de grosses lettres qu'il reçoit de Liverpool, et qui lui apportent des remises pour cent vingt mille francs; ce n'est que la moitié de son revenu annuel; mais il ne rit de rien : c'est que rien au monde n'est capable de lui procurer la *vue du bonheur*, pas même sa place de *vice-président* d'une société biblique.

Regnard est d'un génie bien inférieur à Molière; mais j'oserai dire qu'il a marché dans le sentier de la véritable comédie.

Notre qualité d'*hommes de collége* en littérature, fait qu'en voyant ses comédies, au lieu de nous livrer à sa gaîté *vraiment folle*, nous pensons uniquement aux arrêts terribles qui le jettent au second rang. Si nous ne savions pas *par cœur* les *textes mêmes* de ces arrêts sévères, nous tremblerions pour notre réputation d'hommes d'esprit.

Est-ce là, de bonne foi, la disposition où il faut être pour rire?

Quant à Molière et à ses pièces, que me fait à moi l'imitation plus ou moins heureuse du bon ton de la cour et de l'impertinence des marquis?

Aujourd'hui, il n'y a plus de cour, ou je m'estime autant, pour le moins, que les gens qui y vont; et en sortant de dîner, après la bourse, si j'entre au théâtre, je veux qu'on me fasse rire, et je ne songe à imiter personne.

Il faut qu'on me présente des images naïves et brillantes de toutes les passions du cœur humain, et non pas seulement et toujours les grâces du marquis de Moncade (1). Aujourd'hui, c'est ma fille qui est *Mademoiselle Benjamine*, et je sais fort bien la refuser à un marquis, s'il n'a pas 15000 livres de rente, en biens fonds. Quant à ses lettres-de-change, s'il en fait et qu'il ne les paye pas, M. *Mathieu*, mon beau-frère, l'envoye à Sainte-Pélagie. Ce seul mot de Sainte-Pélagie, pour un homme titré, vieillit Molière.

Enfin si l'on veut me faire rire malgré le sérieux profond que me donnent la bourse et la politique, et les haines des partis, il faut que des gens passionnés se trompent, sous mes yeux, d'une manière plaisante, sur le chemin qui les mène au bonheur.

---

(1) De *l'Ecole des Bourgeois.*

~~~~~~

CHAPITRE III.

Ce que c'est que le Romanticisme.

Le *romanticisme* est l'art de présenter aux peuples les œuvres littéraires qui, dans l'état actuel
de leurs habitudes et de leurs croyances, sont
susceptibles de leur donner le plus de plaisir
possible.

Le *classicisme*, au contraire, leur présente la
littérature qui donnait le plus grand plaisir possible à leurs arrières-grands-pères.

Sophocle et Euripide furent éminemment
romantiques ; ils donnèrent, aux Grecs rassem-
blés au théâtre d'Athènes, les tragédies qui,
d'après les habitudes morales de ce peuple, sa
religion, ses préjugés sur ce qui fait la dignité
de l'homme, devaient lui procurer le plus grand
plaisir possible.

Imiter aujourd'hui Sophocle et Euripide, et
prétendre que ces imitations ne feront pas bâil-
ler le Français du dix-neuvième siècle, c'est du
classicisme (1).

---

(1) Voir l'analyse du théâtre grec, par Métastase.

Je n'hésite pas à avancer que Racine a été
romantique; il a donné, aux marquis de la cour
de Louis XIV, une peinture des passions, tem-
pérée par l'*extrême dignité* qui alors était de
mode, et qui faisait qu'un duc de 1670, même
dans les épanchemens les plus tendres de l'a-
mour paternel, ne manquait jamais d'appeler
son fils *Monsieur.*

C'est pour cela que le Pylade d'*Andromaque*
dit toujours à Oreste: *Seigneur;* et cependant
quelle amitié que celle d'Oreste et de Pylade!

Cette dignité-là n'est nullement dans les
Grecs, et c'est à cause de cette *dignité* qui nous
glace aujourd'hui, que Racine a été romantique.

Shakspeare fut romantique parce qu'il pré-
senta aux Anglais de l'an 1590, d'abord les catastrophes sanglantes amenées par les guerres civiles, et, pour reposer de ces tristes spectacles,
une foule de peintures fines des mouvemens
du cœur, et des nuances de passions les plus
délicates. Cent ans de guerres civiles et de trou-
bles presque continuels, une foule de trahi-
sons, de supplices, de dévouemens généreux,
avaient préparé les sujets d'Elisabeth à ce genre
de tragédie, qui ne reproduit presque rien de
tout le *factice* de la vie des cours et de la civi-
lisation des peuples tranquilles. Les Anglais de

1590, heureusement fort ignorans, aimèrent à contempler au théâtre, l'image des malheurs que le caractère ferme de leur reine venait d'éloigner de la vie réelle. Ces mêmes détails naïfs, que nos vers alexandrins repousseraient avec dédain, et que l'on prise tant aujourd'hui dans *Ivanhoe* et dans *Rob-Roy*, eussent paru manquer de dignité aux yeux des fiers marquis de Louis XIV.

Ces détails eussent mortellement effrayé les poupées sentimentales et musquées qui, sous Louis XV, ne pouvaient voir une araignée sans s'évanouir. Voilà, je le sens bien, une phrase peu digne.

Il faut du courage pour être romantique, car il faut *hasarder*.

Le *classique* prudent au contraire, ne s'avance jamais sans être soutenu, en cachette, par quelque vers d'Homère, ou par une remarque philosophique de Cicéron, dans son traité *de Senectute*.

Il me semble qu'il faut du courage à l'écrivain presque autant qu'au guerrier; l'un ne doit pas plus songer aux journalistes que l'autre à l'hôpital.

Lord Byron, auteur de quelques héroïdes sublimes, mais toujours les mêmes, et de beau-

coup de tragédies mortellement ennuyeuses,
n'est point du tout le chef des romantiques.

S'il se trouvait un homme que les traduc-
teurs à la toise se disputassent également à Ma-
drid, à Stuttgard, à Paris et à Vienne, l'on
pourrait avancer que cet homme a deviné les
tendances morales de son époque (1).

Parmi nous, le populaire Pigault-Lebrun est
beaucoup plus romantique que le sensible auteur de *Trilby*.

Qui est-ce qui relit *Trilby* à Brest ou à Per-
pignan ?

Ce qu'il y a de romantique dans la tragédie
actuelle, c'est que le poète donne toujours un
beau rôle au diable. Il parle éloquemment, et il
est fort goûté. On aime l'opposition.

Ce qu'il y a d'anti-romantique, c'est M. Le-
gouvé, dans sa tragédie de *Henri IV*, ne pou-
vant pas reproduire le plus beau mot de ce roi
patriote : « Je voudrais que le plus pauvre pay-

---

(1) Ce succès ne peut être une affaire de parti, ou
d'enthousiasme personnel. Il y a toujours de l'intérêt
d'argent au fond de tous les partis. Ici, je ne puis dé-
couvrir que l'intérêt du plaisir. L'homme par lui-même
est peu digne d'enthousiasme : sa coopération proba-
ble à l'infâme *Beacon*; anecdote ridicule du verre dans
lequel George IV avait bu.

» san de mon royaume pût du moins avoir la
» poule au pot le dimanche. »

Ce mot, vraiment français, eût fourni une
scène touchante au plus mince élève de Shakspeare. La tragédie *racinienne* dit bien plus no-
blement :

Je veux enfin qu'au jour marqué pour le repos,
L'hôte laborieux des modestes hameaux
Sur sa table moins humble ait, par ma bienfaisance,
Quelques uns de ces mets réservés à l'aisance.

La mort de Henri IV, acte IV (1).

---

(1) Les vers italiens et anglais permettent de tout
dire ; le vers alexandrin seul, fait pour une cour dé-
daigneuse, en a tous les ridicules.

Le vers réclamant une plus grande part de l'attention du lecteur, est excellent pour la satire. D'ailleurs
il faut que celui qui blâme prouve sa supériorité ; donc
toute comédie *satirique* réclame les vers.

J'ajouterai, par forme de digression, que la tragédie
la plus passable de notre époque est en Italie. Il y a du
charme et de l'amour véritable dans la *Francesca da
Rimini* du pauvre Pellico ; c'est ce que j'ai vu de plus
semblable à Racine. Son *Eufemio di Messina* est fort
bien. Le *Carmagnola* et l'*Adelchi* de M. Manzoni an-
noncent un grand poète, si ce n'est un grand tragique.
Notre comédie n'a rien donné d'aussi vrai depuis
trente ans, que l'*Ajo nell'imbarazzo* de M. le comte Gi-
raud de Rome.

La comédie romantique d'abord ne nous
montrerait pas ses personnages en habits brodés ; il n'y aurait pas perpétuellement des amoureux et un mariage à la fin de la pièce ; les personnages ne changeraient pas de caractère tout
juste au cinquième acte ; on entreverrait quelquefois un amour qui ne peut être couronné
par le mariage ; le mariage, elle ne l'appellerait
pas l'*hyménée* pour faire la rime. Qui ne ferait
pas rire, dans la société, en parlant d'*hyménée ?*

Les Précepteurs, de Fabre d'Églantine, avaient
ouvert la carrière que la censure a fermée. Dans
son *Orange de Malte*, un E...., dit-on, prépa-
rait sa nièce à accepter la place de maîtresse du
roi (1). La seule situation énergique que nous
ayons vue depuis vingt ans, la scène du *para-
vent*, dans le *Tartufe de mœurs*, nous la devons
au théâtre anglais. Chez nous, tout ce qui est
fort s'appelle *indécent*. On siffle *l'Avare* de Molière (7 février 1823), parce qu'un fils manque
de respect à son père.

(1) On disait à Madame de Pompadour : la *place* que
vous occupez. Voir les Mémoires de Bézenval, de
Marmontel, de Madame d'Épinay. Ces Mémoires sont
remplis de situations fortes et nullement indécentes ,
que notre timide comédie n'ose reproduire. Voir le
conte du *Spleen*, de Bézenval.

Ce que la comédie de l'époque a de plus romantique, ce ne sont pas les grandes pièces en cinq actes, comme les *Deux Gendres :* qui est-ce qui se dépouille de ses biens aujourdhui? c'est tout simplement *le Solliciteur, le Ci-devant Jeune Homme* (imité du *Lord Ogleby* de Garrick), *Michel et Christine, le Chevalier de Canole, l'Étude du Procureur, les Calicots, les Chansons de Béranger,* etc. Le romantique dans le bouffon, c'est l'interrogatoire de l'*Esturgeon,* du charmant vaudeville de M. Arnault; c'est *M. Beaufils.* Voilà la manie *du raisonner,* et le *dandinisme littéraire* de l'époque.

M. l'abbé Delille fut éminemment romantique pour le siècle de Louis XV. C'était bien là la poésie faite pour le peuple qui, à Fontenoy, disait, chapeau bas, à la colonne anglaise : « *Messieurs, tirez les premiers.* » Cela est fort noble assurément; mais comment de telles gens ont-ils l'effronterie de dire qu'ils admirent Homère?

Les anciens auraient bien ri de notre honneur.

Et l'on veut que cette poésie plaise à un Français qui fut de la retraite de Moskou! (1)

_____

(1) Le poëme de l'époque, s'il était moins mal écrit, ce serait la *Panhipocrisiade* de M. Lemercier. Figurez-

De mémoire d'historien, jamais peuple n'a éprouvé, dans ses mœurs et dans ses plaisirs, de changement plus rapide et plus total que celui de 1780 à 1823; et l'on veut nous donner toujours la même littérature ! Que nos graves adversaires regardent autour d'eux : le sot de 1780 produisait des plaisanteries bêtes et sans sel; il riait toujours; le sot de 1823 produit des raisonnemens philosophiques, vagues, rebattus, à dormir debout, il a toujours la figure allongée ; voilà une révolution notable. Une société dans laquelle un élément aussi essentiel et aussi répété que *le sot*, est changé à ce point, ne peut plus supporter ni le même *ridicule*, ni le même *pathétique*. Alors, tout le monde aspirait à faire rire son voisin ; aujourd'hui tout le monde veut le tromper.

Un procureur incrédule se donne les œuvres de Bourdaloue magnifiquement reliées ; et dit : cela convient, vis-à-vis des Clercs.

Le poète romantique par excellence, c'est *Le Dante*; il adorait Virgile, et cependant il a fait la *Divine Comédie*, et l'épisode d'Ugolin, la chose au monde qui ressemble le moins à l'*Enéide*,

---

vous le *Champ de Bataille* de Pavie, traduit en français par Boileau ou par M. l'abbé Delille. Il y a dans ce poëme de 400 pages, 40 vers plus frappans et plus beaux qu'aucun de ceux de Boileau.

c'est qu'il comprit que de son temps on avait peur de l'enfer.

Les Romantiques ne conseillent à personne d'imiter directement les Drames de Shakspeare.

Ce qu'il faut imiter de ce grand homme, c'est la manière d'étudier le monde au milieu duquel nous vivons, et l'art de donner à nos contemporains précisément le genre de tragédie dont ils ont besoin, mais qu'ils n'ont pas l'audace de réclamer, terrifiés qu'ils sont par la réputation du grand Racine.

Par hasard, la nouvelle tragédie française ressemblerait beaucoup à celle de Shakspeare.

Mais ce serait uniquement parce que nos circonstances sont les mêmes que celles de l'Angleterre en 1590. Nous aussi nous avons des partis, des supplices, des conspirations. Tel qui rit dans un salon, en lisant cette brochure, sera en prison dans huit jours. Tel autre qui plaisante avec lui, nommera le jury qui le condamnera.

Nous aurions bientôt la *nouvelle tragédie française* que j'ai l'audace de prédire, si nous avions assez de sécurité pour nous occuper de littérature; je dis sécurité, car le mal est surtout dans les imaginations qui sont effarouchées. Nous avons une sûreté dans nos campagnes, et sur les grandes routes, qui aurait bien étonné l'Angleterre de 1590.

Comme nous sommes infiniment supérieurs par l'esprit, aux Anglais de cette époque, notre *tragédie nouvelle* aura plus de simplicité. A chaque instant Shakspeare fait de la rhétorique, c'est qu'il avait besoin de faire comprendre telle situation de son drame, à un public grossier et qui avait plus de courage que de finesse.

Notre tragédie nouvelle ressemblera beaucoup à *Pinto*, le chef-d'œuvre de M. Lemercier.

L'esprit français repoussera surtout le galimatias allemand que beaucoup de gens apellent *Romantique* aujourd'hui.

Schiller a *copié* Shakspeare et sa rhétorique; il n'a pas eu l'esprit de donner à ses compatriotes la tragédie réclamée par leurs mœurs.

J'oubliais l'*unité de lieu*; elle sera emportée dans la déroute du *vers Alexandrin*.

La jolie comédie du *Conteur* de M. Picard, qui n'aurait besoin que d'être écrite par Beaumarchais ou par Shéridan, pour être délicieuse, a donné au public la bonne habitude de s'apercevoir qu'il est des sujets charmans pour lesquels les changemens de décorations sont absolument nécessaires.

Nous sommes presque aussi avancés pour la tragédie : comment se fait-il qu'Emilie de *Cinna* vienne conspirer précisément dans le grand cabinet de l'Empereur ? comment se figurer *Sylla* joué sans changemens de décorations ?

Si M. Chénier eût vécu, cet homme d'esprit nous eût débarrassés de l'*unité de lieu* dans la tragédie, et par conséquent des *récits ennuyeux;* de l'unité de lieu qui rend à jamais impossibles au théâtre, les grands sujets nationaux : l'*Assassinat de Montereau, les Etats de Blois, la Mort de Henri III.*

Pour *Henri III*, il faut absolument, d'un côté : Paris, la duchesse de Montpensier, le cloître des Jacobins; de l'autre : Saint-Cloud, l'irrésolution, la faiblesse, les voluptés, et tout-à-coup la mort, qui vient tout terminer.

La tragédie *racinienne* ne peut jamais prendre que les trente-six dernières heures d'une action; donc jamais de développemens de passions. Quelle conjuration a le temps de s'ourdir, quel mouvement populaire peut se développer en trente-six heures ?

Il est intéressant, il est *beau* de voir Othello, si amoureux au premier acte, tuer sa femme au cinquième. Si ce changement a lieu en trente-six heures, il est absurde, et je méprise Othello.

Macbeth, honnête homme au premier acte, séduit par sa femme, assassine son bienfaiteur

et son roi, et devient un monstre sanguinaire.
Où je me trompe fort, ou ces changemens de
passions dans le cœur humain sont ce que la
poésie peut offrir de plus magnifique aux yeux
des hommes qu'elle touche et instruit à-la-fois.

NAIVETÉ DU JOURNAL DES DÉBATS,

Feuilleton du 8 juillet 1818.

. . . . . . O temps heureux où le parterre
était composé presque en entier d'une jeunesse
passionnée et studieuse, dont la mémoire était
ornée d'avance de tous les beaux vers de Racine
et de Voltaire ; d'une jeunesse qui ne se rendait
au théâtre que *pour y compléter le charme de ses
lectures !*

RÉSUMÉ.

Je suis loin de prétendre que M. David se soit placé au-dessus des Lebrun et des Mignard. A mon avis, l'artiste moderne plus remarquable par la force du caractère que par le talent, est resté inférieur aux grands peintres du siècle de Louis XIV; mais sans M. David, que seraient aujourd'hui MM. Gros, Girodet, Guérin, Prud'hon, et cette foule de peintres distingués sortis de son école? Peut-être des Vanloo et des Boucher plus ou moins ridicules.

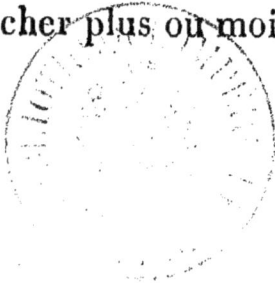

FIN,

Imprimerie ANTHELME BOUCHER, rue des Bons-Enfans, N°. 34.

RACINE

ET

SHAKSPEARE,

N° II.